童蒙养正

做好启蒙教育　奠基幸福人生

李锦鸣◎主编

光明日报出版社

编写委员会

主　　任：李锦鸣

副 主 任：刘新乐　毛映泽　魏　蓉　张　波

成　　员：封　蓊　卢　立　罗　梅　何孝友　吴晓青　何建刚

　　　　　欧阳俊　翟素琴　鲍　艳　吴会昌　陈全慧

编写组

主　　编：李锦鸣

执行主编：魏　蓉

编　　撰：胡艳梅　桂晋梅　樊　莉　姚　蕾

　　　　　卢　燕　卢华秀　汪　洁　卓　林

　　　　　周　群　齐维娜　陈　婷　齐　琦

主编简介

　　李锦鸣　男，汉族，中共党员，1962 年 11月出生，本科学历。先后在贵州省安顺地区师范学校、贵州省安顺市教育局工作，历任安顺市教育局办公室主任、安顺市教育局副局长等职务。现任贵州省安顺市实验学校党总支书记、校长，贵州省安顺市实验学校理事会理事长，贵州省人民政府兼职督学，贵州省名校长工作室主持人，贵州省安顺市首届名校长，贵州省安顺学院客座教授。

序言

　　"童蒙养正"，"蒙者，蒙也，物之稚也"，"蒙"是事物在幼稚阶段的状态。事物刚开始的时候，肯定会有迷蒙，儿童生长规律亦然。一位哲人曾经说过，"播种一种习惯，收获一个性格；播种一个性格，收获一种命运"。

　　"一个学生一个希望"是安顺市实验学校党建工作"五个一"工程建设之一。学校历来重视未成年人思想道德建设，把未成年人思想道德建设融入校园文化，融入特色课程，融入家风建设，融入团队活动，融入学生成长，给学生快乐教育、关爱教育、幸福教育。小学生是可塑性很强的群体，对他们进行润泽教育体系下的德育工作，是一项最基础的奠基工程。

　　编写《童蒙养正》家长读本，就是把未成年人思想道德建设融入家风建设的有效措施之一。因为小学一年级是孩子启蒙教育的关键阶段，为了培养孩子端正的心性及行为，形成家校合力，为孩子的幸福人生奠基，特编写本书。

　　本书在编写过程中，得到了程捷、刘昌友、李晓芸三位专家的大力支持和精心指导；得到我校部分同学和家长的支持。此外，我们还参阅了网络上相关专家学者的研究成果，因篇幅有限，未能一一提及，在此一并表示衷心的感谢。

　　由于时间仓促，水平有限，不足之处在所难免，望同行专家批评指正。

编写组

2017 年 12 月 26 日

目录CONTENTS

入学早准备

　　从幼儿园到小学，对于孩子而言是个跨越。作为家长要充分意识到入学是孩子成长过程中的一个重要转折，孩子们需要学着适应新环境，学习新知识。如何让孩子尽快适应小学生活，不少家长可能会感到困惑、担心，不知道孩子能不能快速进入小学生角色。其实，只要作为家长的您，能主动配合学校，配合老师；作为老师的我们，努力、尽心教育引导孩子，那么，孩子们就能很快适应小学生活。让我们一起陪伴并帮助孩子顺利完成幼儿园到小学的过渡，愉快地开始小学生活吧。

一、学习活动大不同

在幼儿园里，孩子们的主要活动是游戏，在游戏中学习，在活动中体验，活动生动有趣，孩子们不会感到枯燥，专注参与游戏活动的积极性会很高；升入小学，孩子们将在课堂教学中接受系统的文化知识教育，每一堂长达40分钟的课堂教学活动，对于刚刚升入一年级的孩子们来说，"专注力"就是一项大挑战！家长可以有意识地培养孩子能静下心坐下来，开始的时间可以是20分钟，以后再逐渐延长，不可操之过急。同时，可以布置一些小"作业"，如：坚持每天听一个故事或大声朗读一个故事，让他们看看图画书，画画等，培养孩子一心一意、不讲话、不时常站起走动、认真做事的好习惯。

二、规则纪律有差异

幼儿园生活规则较少，小学生活有各种各样的纪律要求，上课、课间活动、学校集会等都与幼儿园生活有着巨大的差异。

因此，入学准备工作就变得非常重要。

好习惯益终生，从现在开始，家长们应培养孩子一系列的好习惯：

1. 培养孩子的时间观念。

家长要教育孩子严格遵守学校的作息制度，有计划合理地安排学习和玩耍的时间。

2. 培养孩子有意记忆的习惯。

上学以后，学习成为孩子一项主要任务，自然地每天会需要孩子自觉地记住一些东西，所以建议家长引导孩子总结记忆的方法，培养孩子有意记忆的习惯。

3. 培养孩子的自我管理能力。

小学生的自我约束能力要求高于幼儿园的孩子，所以家长要有意识地告知孩子在公共场合要遵守的规则，更要培养孩子做力所能及的小事。

三、消除孩子畏难心理

一年级新生入学，如果家长没有帮助孩子做好入学的心理准备，孩子容易对学校产生反感，在入学之初会给家长和学校以及孩子带来很多棘手的问题，因此，家长可尝试这样做：

与孩子有意识地聊一聊小学的事情，让孩子从家长的口吻中感受成长的自豪，增强自信心。家长决不能用上小学对孩子施加压力，进行恐吓。诸如"你再不听话，让学校老师管你"之类的话别说。否则孩子会对上学产生恐惧感，产生心理压力。家长可以给孩子做一个入学的小仪式，让孩子认为上小学是一件隆重又光荣的事情，告诉孩子上学可以学到很多有趣的知识，让自己变得更聪明，懂得更多的事情。

四、准备入学必备物品

在重视孩子心理准备的同时，还要为孩子提供充分的物质保障，家长应和孩子一起准备好必备的学习用品。

1 一个肩带宽、质料轻的双肩背包。

2 一个功能简单的文具盒。颜色过于鲜艳的文具盒上课会转移孩子的注意力。

3 一把20厘米左右的直尺。

4 准备几支削好的 HB 铅笔，不要买自动铅笔，孩子容易弄断笔芯，影响写字。

5 橡皮，最好是高级绘图橡皮，写错字容易擦干净。

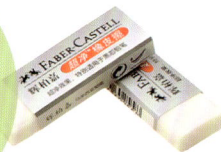

6 根据学生所发课本的大小，教会孩子为新课本包好书皮，写上孩子的班级姓名。

注意：学习用品简单即可。功能繁多复杂的学习用品会分散孩子听课的注意力。

五、储备入学基本能力

孩子们告别了愉快的幼儿园生活，即将成为一名光荣的小学生，孩子们长大了！家长朋友们请看看自己的孩子是不是已经在他们的认知世界里记住了这些东西？

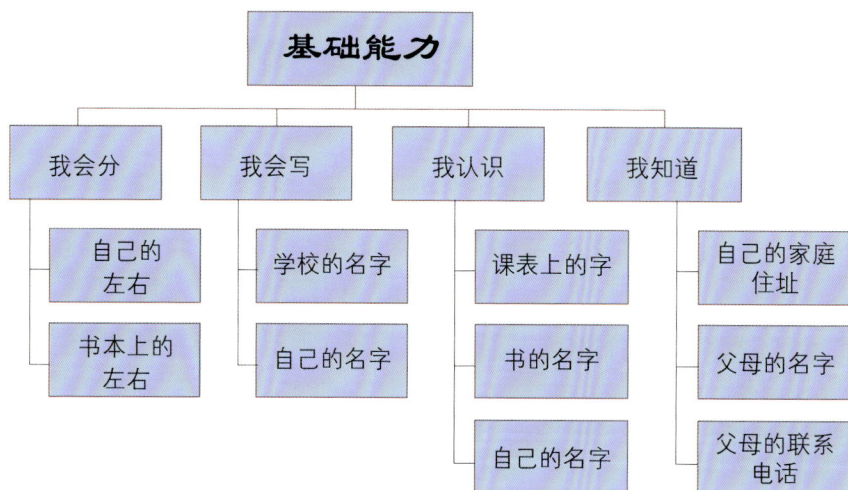

```
                    基础能力
        ┌──────┬──────┬──────┬──────┐
      我会分   我会写   我认识   我知道
        │       │       │       │
     自己的   学校的   课表上   自己的
     左右     名字     的字     家庭住址
        │       │       │       │
     书本上   自己的   书的     父母的
     的左右   名字     名字     名字
                        │       │
                     自己的   父母的
                     名字     联系电话
```

六、如何做一名小学生

(一) 入校礼仪

1.按要求准时入校，做到不迟到、不早退，知道自己有事或者生病时一定要请假。

2.会正确地使用礼貌用语，主动与别人打招呼。

3.如厕：会自理大小便，懂得将大小便解在池内，保持地面整洁。便后洗手离开，不在厕所内打闹或聊天。

(二) 课堂纪律

1.学会在上课前准备上课需要的学具和物品。

2.听到上课铃能迅速回到自己的座位并准备上课。

3.上课时坐、立姿势规范，不影响他人。

4.上课回答问题或发言时要先举手。

5.清楚地记住并完成老师要求自己做的事情，不懂的要问。

6.在教师要求的时间内把事情做完，做到不拖拉，不边做边玩。

7.学会认真独立地做事情，懂得追求良好的结果。

8.喜欢回答问题，提出问题，讨论时能够大胆地说出自己的想法。

9.学会正确使用学具和物品，用过后能收拾整理好，不乱扔。

10.学会正确的握笔与书写姿势。

11.懂得爱惜学习用品，不弄坏、不弄丢。

写字姿势口诀图

1.学写字·坐端正·腰打直

2.大拇哥·二拇哥·中指来挺笔

2.离笔尖·三厘米·笔身轻轻靠

4.前三指·带笔走

5.后两指·要稳定

6.两肩平·放轻松·欢喜来写字

(三) 课间活动

1. 学会主动邀请别人一起游戏，会请求参与别人的游戏。
2. 游戏中学会与别人协商、合作，共同完成游戏，共同分享成果。
3. 学习主动与人谈话和交往，对别人的主动交往要做出积极的反应。
4. 不乱拿同伴的东西，得到同意后可以借用并在用后归还。
5. 同情关心伙伴，在别人需要时，乐意给予帮助。
6. 学习用协商、讲理的方式解决同伴间的纠纷，不使用武力。
7. 影响或伤害了别人会主动道歉，学习原谅别人的无意过失。
8. 不在室内游戏，在室外游戏时不大声喊叫或追跑，不影响别人。

(四) 离校注意事项

1. 带好自己的生活物品、学习用具等，主动向教师、同伴告别。

2. 清楚地记住教师要求自己做的事情，并能向家长复述。

（五）按 时 接 送

　　放学后家长要准时接孩子回家。如果您常常迟到，对您的孩子健康成长是不利的！

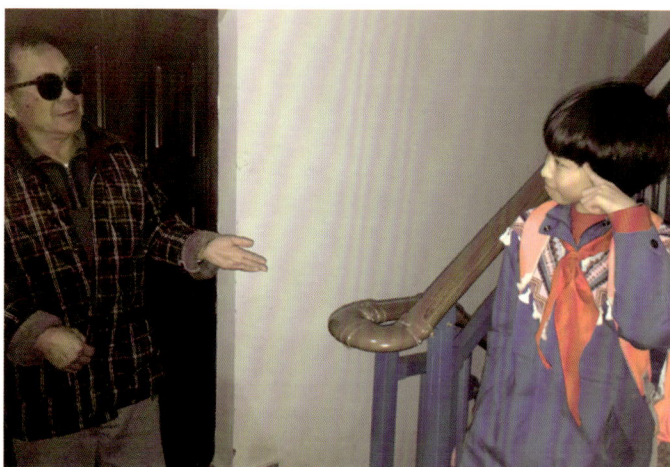

　　1. 对培养孩子的时间观念不利。会使孩子从小产生不遵守时间的意识。

　　2. 别的同学都与父母一同回家了，只剩自己，长时间不接送孩子，或者晚接送孩子，会让他们没有安全感，产生孤独感，并且产生自卑心理。

　　3. 如果家长未能及时来学校，应叮嘱孩子不要随便跟别人走。要回学校等待，以防坏人拐骗，确保自己的人身安全。

生活我能行

生活是人生的第一课，也是最基本的课程。生活习惯的好坏不仅影响孩子的身心健康，而且也是孩子综合素养的体现。"习惯养得好，终身受其福，习惯养得不好，终身受其罪。"培养孩子良好的生活习惯和必备的生活自理能力，能为其一生奠定基础。

一、自理能力勤培养

孩子进入小学学习，是人生的第一次转折，自理能力的培养更是成长的重要部分。作为家长，要有意识地培养孩子的自理能力和劳动习惯，培养他们独立生活的能力。引导孩子做到：自己的事情自己做，不会做的事情学着做，家里的事情帮着做，集体的事情争着做。

1. 健康的作息时间，生活有规律。

充足的睡眠才能保证有效的学校生活。让孩子按照学校作息制度，早睡早起。在家吃爱心营养早餐。还可以教孩子认识钟点，使他们从小有时间概念，珍惜时间，学会管理自己的时间。

2. 自己整理书包，准备第二天要带的学习用具。

每天晚上要求孩子按照课程表提前准备好自己第二天要用的书本、文具等，让孩子养成自己的事情自己做的习惯，并及时给予评价与鼓励。

3. 家长和老师都要教会孩子一些必需的生活技能，如穿脱衣服、系鞋带、洗脸、洗脚、自己背书包等。教育孩子自己能做的事尽量自己做，不会的要慢慢学着做。家长的任务是在旁边进行指导督促，让孩子在实践中培养自理能力，并从中体会劳动的乐趣。

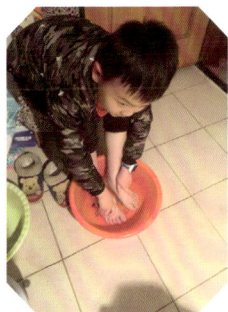

4. 主动地参加简单的劳动。

让孩子帮着父母承担一些力所能及的家务劳动，锻炼劳动能力。如扫地、拖地等。

习惯的养成，并不是一朝一夕就能做到的，必须坚持培养。相信有我们的共同努力，孩子们一定能养成良好的生活习惯，自己的事情自己做，提高自理能力，当好小主人。

5.专注做事，学会集中精力学习。

无论做什么事情，都要求孩子专注，集中精力完成一件事情后再去做另外一件事情。比如不能让孩子们边听音乐边做作业，边看电视边看书……要培养孩子一心一意不说话，专心完成作业的好习惯。

6.学习有条理，东西存放有规律。

学习用具的收拾要有规律，书本存放在书包或书桌上要有一定的次序，不妨把各科教材分颜色包书皮，以达到易分辨和养成有条理的目的，做各科作业要预先安排好时间等。

二、诚信守时有担当

1. 诚信

在日常生活中，家长对待孩子一定要诚信，不要说话不算话。因此，家长在向孩子许诺之前一定要三思，不能言而无信，答应孩子的事情，就一定要做到，如果不能兑现，应及时向孩子解释，向孩子道歉，并作自我批评，事后家长应设法兑现自己的承诺。

2. 守时

孩子进入小学后，需要重新调整自己的作息时间。家长可以和孩子一起商量制定作息时间表，并严格按照时间表来支配自己的时间。保证孩子10小时左右睡眠时间。

3. 有担当

可以适当地交给孩子一些任务，让孩子独立完成或在家长协助下共同完成。教会孩子遇事三思而后行，即使犯了错误，也要勇敢承认并改正。

三、讲礼友爱文明行

1. 在学校学会正确使用礼貌用语，尊敬老师，关心同学，友好交往。

2. 公共场合不大声喧哗。

3. 小朋友之间友好相处，不骂人、不打架。

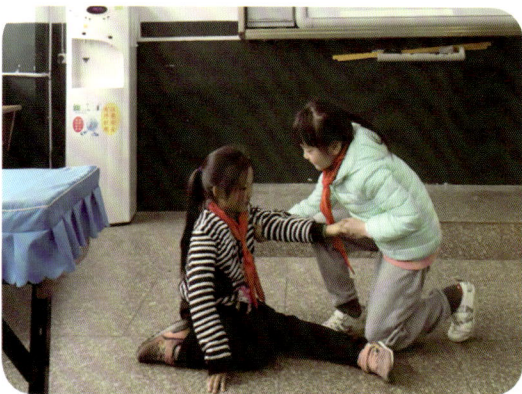

5. 学校集会时要讲究秩序，上下楼梯靠右走，学会轻声慢步，保持安静。

6. 学会文明乘车，不争抢，不打闹。

4. 乐于帮助别的小朋友。

7.尊老爱幼，礼让他人。

8.勤洗手，勤洗澡；衣着整洁大方。

9.爱护公共财物，爱护花草。

10.在家应懂得感恩父母，孝敬长辈，听从教导。

四、父母朋友在身边

1. 爱心早餐

闹钟响起，孩子早起，父母做起，可口早餐，注入爱心，吃着营养又放心！

　　孩子们吃着父母亲手做的早餐，营养又美味，既安全卫生又给孩子合理搭配了成长所需的各种营养。我们把它叫做"爱心早餐"！

2. 开开心心来上学，平平安安回家去

家长陪着孩子在上学、放学的路上，请做到：文明出行、自觉遵守交通规则、文明乘车。

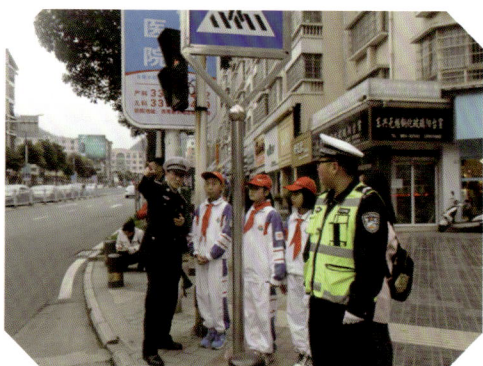

3. 孩子已经长大，家长尽请放心

（1）试着训练孩子做到：自己的书包自己背。

（2）孩子须自理，家长请止步。送孩子进校时，鼓励他们自己精神饱满地走进校园，家长可以放心，不必跟着进入校园。

（3）放学时，由于学校孩子多，校门出入口窄，请家长们勿拥挤，稍微退后，按班级顺序接孩子，做好孩子守序的表率。

养成学习好习惯

"少成若天性，习惯如自然"。养成良好的学习习惯，不仅能提高学习效率，还能让孩子感受到学习的乐趣，从而使自己在轻松、愉快的氛围中不断收获、不断成长。

让孩子们在快乐中学会学习，在学习中收获快乐吧！

一、培养孩子课前准备的习惯

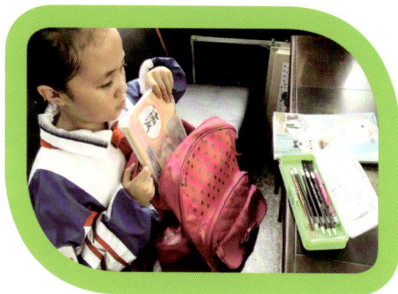

1. 按照课程表提前准备好第二天要用的书本、文具等。

2. 培养课前预习的习惯，促使孩子积极主动地学习。

3. 教育孩子每节课前准备好下节课需要的学习文具，并整齐摆放于桌面，静待老师。

二、培养孩子课中听讲的习惯

1. 上课时坐、立姿势端正，遵守课堂纪律，不做与课堂学习无关的事情。

2. 不懂就要问，发言先举手，声音要洪亮。

3. 专心听讲，积极参与课堂活动，并按老师要求完成学习任务。

三、培养孩子课后巩固的习惯

1.认真复习巩固当天所学知识。

2.养成先改正错题再写作业的习惯。

3.认真完成作业，养成尽量少用橡皮擦的习惯，提高作业首次正确率。学会自我检查，发现错题，及时订正。

4.每天保持至少30分钟课外阅读的好习惯。

家长教育行为规范

　　家庭是孩子的第一课堂，家长是孩子的第一任老师，孩子的教育是不可逆的。良好的习惯是孩子所储存的资本，会不断增值，而人的一生就在享受着它的利息，祝福您的孩子在您的精心培育下健康快乐成长。

1.树立为国教子、以德育人的思想，自觉履行抚养和教育子女的法律责任和道德义务。

2.培养子女增强爱国情感，从小树立民族自尊心、自信心和自豪感。

3.教育子女树立正确的理想信念，为担负起建设祖国、振兴中华的光荣使命做好准备。

4.培养子女良好的道德品质和文明行为，学会处理人与人、人与社会、人与自然等基本关系。

5.培养子女良好的劳动意识、科学精神和法制观念，帮助子女增强自学、自理、自护、自强、自律能力。

6.确保子女接受义务教育，鼓励子女参加健康有益的文化体育活动，促进子女身心健康全面发展。

7.树立正确的家庭教育观念，掌握科学的教育知识与方法，针对子女年龄、个性特征实施教育，与子女互动互学，共同提高。

8.举止文明，情趣健康，敬业进取，言行一致，以良好的品行修养为子女作表率。

9.建立民主、平等、和睦的家庭关系，形成有助于子女健康成长的良好环境。

10.主动配合学校教育、社会教育，支持子女参加学校活动和社会实践，保持教育的一致性。

——摘自"中国家庭教育网"

给家长的十条建议

　　父母是子女在生活中一切言行举止的最早启蒙老师。只要家长善于利用，生活中的每个细节都可以用来教育孩子。希望家长朋友们能和学校教育协调一致，形成强大的教育合力，为学生的一生着想，为祖国的明天奠基。

给家长的十条建议

1. 尽量多表扬。孩子具有一定的自信心，才乐于学习。

2. 关注点滴进步。多关心孩子的学习内容和实际进步程度。

3. 制定小目标。经常制定几个易于达到的小目标，可使孩子觉得能做到，从而有利于发挥潜能，增加自信。

4. 刺激学习欲望。爱提问题的孩子比被动接受知识的孩子知识掌握得快。家长要培养孩子读书时多问几个为什么。鼓励或引导孩子找到答案。学习不只限于书面，还要抓住生活中的各种机会让孩子练习。例如，制定旅游计划时让孩子从书中查找地名、路线、测量距离等。

5. 树立孩子责任心。让孩子学会洗碗、洗手帕，整理自己的床铺、用具，尽到自己的那份责任。

6. 做个好榜样。父母为孩子营造良好的学习氛围，做爱学习、爱阅读的好榜样。耳濡目染之下，孩子就不知不觉地受到影响，认真读书、解答课外练习题，汲取知识。

7. 不议论老师。家长不要在孩子面前议论贬低老师，不要说"xx老师课讲得糟糕透了""xx老师太爱管闲事"等。

8. 定学习规矩。规定完成作业时间，开始进入限时训练、提高学习效率。例如，"不完成作业不许出去玩"、"说不出今天所学到的东西不许看电视"，根据学生的作业量规定完成时间等，并且自始至终地执行。

9. 重视上学。尽量避免因家庭问题导致孩子缺课，这有利于培养孩子将来的敬业精神。

10. 性别差异教育。对男女生性别角色意识认同教育。男孩一般比同龄女孩心理年龄滞后些，对男孩需要加强耐心，不用严罚的教育方式，避免男孩子厌学或无判断的模仿行为。

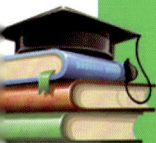

中华优秀家风家训选读

　　好家风好家训是传统文化的组成部分。家风正，则民风淳；家风正，则政风清；家风正，则党风端。优秀的家风家训引导人自觉履行法定义务、社会责任、家庭责任，营造劳动光荣、创造伟大的社会氛围，培育知荣辱、讲正气、作奉献、促和谐的良好风尚。家风、家训以一种无言的教育，潜移默化、润物无声地影响着人们的心灵，对涵养社会主义核心价值观具有直接作用。希望中华民族优秀的家风家训能给您的家庭教育提供一些思考和借鉴，也期望孩子在您优良的家风家训引领下健康成长。

诚子书

三国·诸葛亮

夫君子之行，静以修身，俭以养德。非淡泊无以明志，非宁静无以致远。夫学须静也，才须学也。非学无以广才，非志无以成学。淫漫则不能励精，险躁则不能冶性。年与时驰，意与日去，遂成枯落，多不接世。悲守穷庐，将复何及？

译文：

品德高尚、德才兼备的人，是依靠内心安静精力集中来修养身心的，是依靠俭朴的作风来培养品德的。不看清世俗的名利就不能明确自己的志向，不身心宁静就不能实现远大的理想。学习必须专心致志，增长才干必须刻苦学习。不努力学习就不能增长才智，不明确志向就不能在学习上获得成就。过度享乐和怠慢散漫就不能奋发向上，轻浮急躁就不能陶冶性情。年华随着光阴流逝，意志随着岁月消磨，最后就像枯枝败叶那样，成了无所作为的人，对社会没有任何用处，到那时，守在破房子里，悲伤叹息，又怎么来得及呢？

家俭则兴，人勤则健；能勤能俭，永不贫贱。
——曾国藩

理必求真，事必求是；言必守信，行必踏实。
事闲勿荒，事繁勿慌；有言必信，无欲则刚。
和若春风，肃若秋霜；取象于钱，外圆内方。
——黄炎培

社会主义核心价值观

社会主义核心价值观

国家层面

富强、民主、文明、和谐。

社会层面

自由、平等、公正、法治。

个人层面

爱国、敬业、诚信、友善。

中小学学生守则

中小学学生守则

1.爱党爱国爱人民。了解党史国情，珍视国家荣誉，热爱祖国，热爱人民，热爱中国共产党。

2.好学多问肯钻研。上课专心听讲，积极发表见解，乐于科学探索，养成阅读习惯。

3.勤劳笃行乐奉献。自己事自己做，主动分担家务，参与劳动实践，热心志愿服务。

4.明礼守法讲美德。遵守国法校纪，自觉礼让排队，保持公共卫生，爱护公共财物。

5.孝亲尊师善待人。孝父母敬师长，爱集体助同学，虚心接受批评，学会合作共处。

6.诚实守信有担当。保持言行一致，不说谎不作弊，借东西及时还，做到知错就改。

7.自强自律健身心。坚持锻炼身体，乐观开朗向上，不吸烟不喝酒，文明绿色上网。

8.珍爱生命保安全。红灯停绿灯行，防溺水不玩火，会自护懂求救，坚决远离毒品。

9.勤俭节约护家园。不比吃喝穿戴，爱惜花草树木，节粮节水节电，低碳环保生活。

小学生日常行为规范

小学生日常行为规范

1. 尊敬国旗、国徽，会唱国歌，升降国旗、奏唱国歌时肃立、脱帽、行注目礼，少先队员行队礼。

2. 尊敬父母，关心父母身体健康，主动为家庭做力所能及的事。听从父母和长辈的教导，外出或回到家要主动打招呼。

3. 尊敬老师，见面行礼，主动问好，接受老师的教导，与老师交流。

4. 尊老爱幼，平等待人。同学之间友好相处，互相关心，互相帮助。不欺负弱小，不讥笑、戏弄他人。尊重残疾人。尊重他人的民族习惯。

5. 待人有礼貌，说话文明，讲普通话，会用礼貌用语。不骂人，不打架。到他人房间先敲门，经允许再进入，不随意翻动别人的物品，不打扰别人的工作、学习和休息。

6. 诚实守信，不说谎话，知错就改，不随意拿别人的东西，借东西及时归还，答应别人的事努力做到，做不到时表示歉意。考试不作弊。

7. 虚心学习别人的长处和优点，不嫉妒别人。遇到挫折和失败不灰心，不气馁，遇到困难努力克服。

8. 爱惜粮食和学习、生活用品。节约水电，不比吃穿，不乱花钱。

9. 衣着整洁，经常洗澡，勤剪指甲，勤洗头，早晚刷牙，饭前便后要洗手。自己能做的事自己做，衣物用品摆放整齐，学会收拾房间、洗衣服、洗餐具等家务劳动。

10. 按时上学，不迟到，不早退，不逃学，有病有事要请假，放学后按时回家。参加活动守时，不能参加事先请假。

11. 课前准备好学习用品，上课专心听讲，积极思考，大胆提问，回答问题声音清楚，不随意打断他人发言。课间活动有秩序。

12. 课前预习，课后认真复习，按时完成作业，书写工整，卷面整洁。

13. 坚持锻炼身体，认真做广播体操和眼保健操，坐、立、行、读书、写字姿势正确。

14. 认真做值日，保持教室、校园整洁。保护环境，爱护花草树木、庄稼和有益动物，不随地吐痰，不乱扔果皮纸屑等废弃物。

15. 爱护公物，不在课桌椅、建筑物和文物古迹上涂抹刻画。损坏公物要赔偿。拾到东西归还失主或交公。

16. 积极参加集体活动，认真完成集体交给的任务，少先队员服从队的决议，不做有损集体荣誉的事，集体成员之间相互尊重，学会合作。积极参加学校组织的各种劳动和社会实践活动，多观察，勤动手。

17. 遵守交通法规，过马路走人行横道，不乱穿马路，不在公路、铁路、码头玩耍和追逐打闹。

18. 遵守公共秩序，在公共场所不拥挤，不喧哗，礼让他人。乘公共车、船等主动购票，主动给老幼病残孕让座。不做法律禁止的事。

19. 珍爱生命，注意安全，防火、防溺水、防触电、防盗、防中毒，不做有危险的游戏。

20. 阅读、观看健康有益的图书、报刊、音像和网上信息，收听、收看内容健康的广播电视节目。不吸烟、不喝酒、不赌博，远离毒品，不参加封建迷信活动，不进入网吧等未成年人不宜入内的场所。敢于斗争，遇到坏人坏事主动报告。

图书在版编目（CIP）数据

童蒙养正：做好启蒙教育 奠基幸福人生 ／ 李锦鸣
主编 . -- 北京：光明日报出版社，2018.6

ISBN 978 - 7 - 5194 - 4235 - 4

Ⅰ.①童… Ⅱ.①李… Ⅲ.①儿童教育—品德教育—
家庭教育 Ⅳ.①G781②G611

中国版本图书馆 CIP 数据核字（2018）第 110418 号

童蒙养正——做好启蒙教育　奠基幸福人生
TONGMENG YANGZHENG——ZUOHAO QIMENG JIAOYU DIANJI XINGFU RENSHENG

主　　编：李锦鸣

责任编辑：李壬杰　　　　　　　　　　　责任校对：赵鸣鸣
封面设计：中联学林　　　　　　　　　　责任印制：曹　净

出版发行：光明日报出版社

地　　址：北京市西城区永安路 106 号，100050

电　　话：010 - 67014267（咨询），63131930（邮购）

传　　真：010 - 67078227，67078255

网　　址：http：//book. gmw. cn

E - mail：lirenjie@ sina. cn

法律顾问：北京德恒律师事务所龚柳方律师

印　　刷：三河市华东印刷有限公司

装　　订：三河市华东印刷有限公司

本书如有破损、缺页、装订错误，请与本社联系调换，电话：010 - 67019571

开　　本：210mm×285mm

字　　数：100 千字　　　　　　　　　　印　张：2.5

版　　次：2018 年 7 月第 1 版　　　　　　印　次：2018 年 7 月第 1 次印刷

书　　号：ISBN 978 - 7 - 5194 - 4235 - 4

定　　价：38.00 元